Marie-Pierre Colle Corcuera

Guadalupe
en mi cuerpo como en mi alma

OCEANO

Guadalupe
en mi cuerpo como en mi alma

Diseño original Julio Vega
Diseño del catálogo Óscar Reyes, Daniel Hernández
Coordinación editorial Miriam Arriaga Franco
Corrección de estilo Arlette de Alba, José Luis Campos,
Rafael Muñoz Saldaña
Asesoría Roberto Gavaldón, Amanda Echeverría
Fotógrafos Guillermo Aldana, Lourdes Almeida, Miriam
Arriaga, Jorge Ávila, Marie-Pierre Colle, Roberto Gavaldón,
Eric Giebeler, Dennis Gottlieb, Daniel Hernández, Piti
Hoagland, René López, Eniac Martínez, Irene Pintor, Xavier
Pizarro, Ilán Rabchinskey, Fernanda Roel, Bob Schalkwijk,
Leopoldo Soto Martínez, Ignacio Urquiza, Ignacio Urquiza Jr.,
Sebastián Urquiza, y Jasmín Wald

Los créditos de las fotografías aparecen en la página 96
y constituyen una extensión de esta página legal.
Los fragmentos de Nican Mopohua, escrito en 1544 por
Antonio Valeriano y publicado en 1649 por Luis Laso
de la Vega, se reproducen en la traducción del Dr. Miguel
León-Portilla, incluida en su libro "Guadalupe Tonantzin",
Fondo de Cultura Económica, México, 2000,
gracias al permiso del autor y la editorial.

D.R.©2002, EDITORIAL OCEANO DE MÉXICO, S.A. de C.V. Eugenio Sue 59,
Colonia Chapultepec Polanco, Miguel Hidalgo, Código Postal 11560,
México, D.F. Tel.5279 9000 Fax. 5279 9006 E-mail: info@oceano.com.mx

Derechos exclusivos de edición en español reservados para México
y todos los países de habla hispana.
Primera Edición en español (México): Diciembre de 2003.
ISBN: 970-651-847-9

Impreso en Impresos Litopolis S.A. de C.V
Marcelino Dávalos No. 22 Col. Algarín
C.P. 06880 México, D.F.
Tel/Fax. 1084-4343

Introducción

"Guadalupe en mi cuerpo como en mi alma" nace de una visita a un vivero de Tepoztlán, donde un muchacho de unos veinte años que me vendía suculentas y pensamientos para el jardín, llamó mi atención por la cantidad de tatuajes que llevaba en su cuerpo. De pronto, tuve la intuición de que también tendría uno de la Virgen y se lo pregunté. Con orgullo alzó su camiseta para mostrarme su torso. Ahí estaba, desde la clavícula hasta la cintura. "Guadalupe en mi cuerpo como en mi alma", me presumió con una sonrisa amplia este joven Juan Diego

Como emblema protector, la Guadalupana también se encuentra tatuada en las espaldas de muchos prisioneros mexicanos, para que no los apuñalen en un pleito entre reos; asimismo, entre los "mojados" y "polleros" que cruzan la frontera norte arriesgándose para conquistar un mejor futuro.

Guadalupe sigue a los mexicanos hasta el norte. Marcada en sus pieles se convierte en un escudo que conjura la amenaza y el peligro: a la Virgen no se le agrede, nadie ofendería su imagen.

La invocación a la Virgen es también salvadora. De entre las muchas historias que los capitalinos hemos escuchado sobre los secuestros que han marcado los últimos años, una en particular me conmueve. Después de semanas de negociaciones entre la familia de un niño de ocho años secuestrado y el plagiario, la madre desesperada imploró en un grito doloroso: "¡En nombre de la Virgen de Guadalupe, devuélvame a mi hijo!" Y el secuestrador le preguntó: "¿Es usted guadalupana, señora?" Esa misma tarde, el niño estaba de regreso con sus padres. Éste es uno de los numerosos casos en los que la solidaridad guadalupana nos protege.

México es la Virgen de Guadalupe. Es nuestra bandera y junto a la tricolor, constituye nuestro icono más fuerte, el símbolo de nuestra identidad, el aglutinador de nuestra esencia. De la misma manera como acompañó a Zapata en la Revolución Mexicana, hoy día acompaña al creyente en su lucha cotidiana.

Tonantzin Guadalupe se convierte en la identidad nacional porque es más grande que todo. Está en las iglesias, pero especialmente fuera de ellas: en el hogar mexicano. Su imagen se encuentra en las oficinas, negocios, restaurantes, mercados, "antros", estacionamientos, hospitales; en las carteras, la esquina de la calle, obras en construcción... Hasta los taxistas la llevan en su coche, por si acaso. La vemos en La Quebrada de Acapulco, donde los clavadistas se arrodillan frente a la "Morenita" antes de lanzarse al vacío; y bajo el mar, entre las playas de Caleta y Roqueta: los niños la van a ver en lanchitas con fondo de cristal.

PÁGINA OPUESTA:
Imagen original de la Virgen de Guadalupe y la Bandera en la Basílica: dos grandes iconos mexicanos.

Ella también se encuentra hasta en las playeras de los futbolistas del equipo Monarcas de Morelia y en la del rocanrolero Alex Lora.

Patrona de los impresores, su imagen preside las más diversas artes. En el Auditorio Nacional, detrás del telón se encuentra una Virgen de 2.5 m. de altura y no hay bailarín, actor o cantante que no se encomiende a ella antes de entrar a escena. Para celebrar los cincuenta años de la monumental Plaza de Toros México, se realizó una de las ceremonias más emocionantes: una misa en el centro del ruedo, antes de la corrida. La imagen de la Virgen de Guadalupe va bordada en el capote de paseo del torero Enrique Ponce, que da la vuelta al ruedo con la santa imagen, y la cuadrilla le canta las mañanitas taurinas.

El milagro mexicano existe a través de la "Morenita del Tepeyac". Su historia conmueve y sus apariciones son tan reales como nuestro fervor. Si el maíz alimenta físicamente al hombre mesoamericano, la Virgen de Guadalupe nutre su espíritu.

Numerosas son sus bendiciones y milagros, "muchos de los cuales no platica la gente", me comentó un día una vendedora en el mercado. Su comadre le ruega a Tonantzin Guadalupe cuando quiere obtener un buen empleo y recibir buen trato. Hay quienes tienen una lámpara con la forma de la Virgen de Guadalupe y cuando la conectan, ésta gira bendiciendo cada rincón de la alcoba.

Veinte millones de personas visitan la Basílica de Guadalupe al año, y en particular el día que la conmemora el 12 de diciembre. Vienen en procesiones de todos los rincones de la República, con la bandera guadalupana muy en alto. Llegan a pie, con las rodillas ensangrentadas, en camión, en bicicletas, en metro, para festejarla. Las oraciones alimentan la fe, y la fe sana las enfermedades del cuerpo, la mente y el alma. La devoción a la Virgen, patrona de los desamparados, propicia una vida mejor.

A medianoche todo se estremece, la emoción se desborda, cuando famosos cantantes como María Victoria, Lucero, Guadalupe Pineda y Ramón Vargas, entre otros, cantan las mañanitas a la Virgen al son del mariachi.

PÁGINA OPUESTA:
En la espalda de un pescador en Zihuatanejo, Guerrero, la imagen de la Morenita tatuada por una manda, como pago de un "favorcito".

El verdadero milagro de la Virgen de Guadalupe es la presencia arrolladora de su culto en el corazón del pueblo mexicano y sobre todo, en el de millones de personas que han soportado lo insoportable, sólo por la fe y devoción que le tienen. También entre los latinos de Harlem y los chicanos, la diosa madre está presente en sus tatuajes, en sus altares, en tiendas de abarrotes y hogares. Su imagen cubre los muros junto a Michael Jackson, Óscar Chávez o algún artista de moda. Se encuentra ahora en las ruinas de las Torres Gemelas en Nueva York, después del 11 de septiembre de 2001.

Encabezados por la velocista Ana Gabriela Guevara, familiares de migrantes que viven en Estados Unidos salieron de la Basílica de Guadalupe rumbo a Nueva York, donde pedirían la residencia legal para los 4.5 millones de mexicanos

indocumentados que viven en ese país. Los corredores tuvieron la encomienda de cruzar a la Virgen y a Juan Diego "al otro lado", a pesar de que ambos iban sin papeles. El recorrido de 5,033 km., concluyó en la catedral de San Patricio el 12 de diciembre de 2002.

La energía del tercer milenio es femenina, por eso el culto a la madre tierra es hoy más fuerte que nunca. El hombre necesita regresar al principio femenino interno. La ternura en el rostro de la Guadalupana despierta la más audaz creatividad tanto en las artes populares como en numerosas manifestaciones del arte contemporáneo.

Es también notable la gran devoción que le tiene el Papa Juan Pablo II. En julio de 2002, en su quinto viaje a México, y a pesar de su precaria salud, vino a canonizar a Juan Diego y a saludar a la reina de México, emperatriz de América.

La cruzada por Juan Diego empieza al terminar la guerra cristera, y su canonización, en este momento de globalización, va más allá de México y de la clásica disputa entre "aparicionistas" y "antiaparicionistas". El Papa peregrino repitió en varias ocasiones: "México necesita al indígena, el indígena necesita a México". Juan Pablo II despertó sentimientos de enorme solidaridad entre las etnias indígenas al canonizar a Juan Diego.

"Guadalupe en mi cuerpo como en mi alma" es el homenaje que más de veinte fotógrafos mexicanos de entre 13 y 80 años le rinden a Tonantzin Guadalupe. Es un testimonio de cómo se nos aparece los 365 días del año. En este libro celebramos a la compañera diaria de los latinos, sin importar quiénes somos o dónde nos encontramos.

Con su imagen estampada en el ayate del corazón, el cuerpo, la casa y el pensamiento, los mexicanos hacemos realidad el deseo de nuestra madre, expresado en el "Nican mopohua", el relato en náhuatl de las apariciones del Tepeyac, escrito por Antonio Valeriano en 1544, y cuyos fragmentos publicamos aquí en la erudita traducción del doctor Miguel León-Portilla:

"Mucho quiero yo, mucho así lo deseo que aquí me levanten mi casita divina, donde mostraré, haré patente, entregaré a las gentes todo mi amor, mi mirada compasiva, mi ayuda, mi protección. Porque, en verdad, yo soy vuestra madrecita compasiva, tuya y de todos los hombres que vivís juntos en esta tierra y también de todas las demás gentes, las que me amen, me busquen, confíen en mí."

Marie-Pierre Colle Corcuera

Marcos Bermejo Bravo

VIRGEN · Maria De Guadalupe
Te Pido · Con Todas Las
Ganas · De Mi Corazon
Que · Sanes
Mi · Mano, Lo
Mas · Pronto Que
Si · Pueda, y
Ayuda · Tanto En
Mis · Estudios
Como · En Mi Salud
y · Tambien
Te · Encomiendo
a · Toda Mi
Familia · y Mis
Seres · Queridos.
Protege Mi · Pobre y Mysac
Que Es El Ruego Mas Lindo Que
Mi Dgdo.

fervor guadalupano

Nican Mopohua

PALEOGRAFÍA Y VERSIÓN AL CASTELLANO
DE MIGUEL LEÓN-PORTILLA

Aquí se relata, se pone en orden,
cómo, hace poco, de manera portentosa,
se mostró la perfecta doncella,
Santa María, madrecita de Dios,
nuestra noble señora,
allá en Tepeyácac, Nariz del monte,
que se dice Guadalupe.
Primero se mostró a un hombrecillo,
de nombre Juan Diego.
Luego apareció su imagen preciosa
ante el recién electo obispo
don fray Juan de Zumárraga,
y [también se relatan] todas las maravillas
que ha hecho.

Y a diez años
de que fue conquistada el agua, el monte,
la ciudad de México,
ya reposó la flecha, el escudo,
por todas partes estaban en paz
en los varios pueblos.
No ya sólo brotó,
ya verdea, abre su corola
la creencia, el conocimiento
del Dador de la vida, verdadero Dios.
Entonces, en el año 1531,
pasados algunos días
del mes de diciembre, sucedió.

PÁGINA OPUESTA:
Madre y confidente: el fervor Guadalupano se
expresa en una carta a la Virgen de Guadalupe
escrita en una sencilla hoja de cuaderno y
montada sobre un fondo amate.

PÁGINAS SIGUIENTES:
Cada vehículo es como un carro alegórico
que se suma al perpetuo desfile religioso.
Cada carroza es un nacimiento vivo que
conduce a las familias al encuentro con su fe.
Aquí, por las faldas del Pico de Orizaba,
el regreso a casa de los peregrinos de
un equipo.

Había un hombrecillo, un pobrecillo,
su nombre era Juan Diego.
Se dice que tenía su casa en Cuauhtitlán.
Y en cuanto a las cosas divinas,
aún todo pertenecía a Tlatelolco.

PAGINAS ANTERIORES:
Un camión adornado con listones de papel,
para su visita a la Villa.

Una peregrinación de ciclistas llega
a la antigua Basílica de Guadalupe.
La imagen sagrada cuida las bicicletas.

PÁGINA OPUESTA:
El 12 de diciembre en la Villa de Guadalupe, los estandartes de diferentes partes de la República representan un barrio, una colonia, un pueblo. Los indígenas los portan con orgullo y dignidad.

EN ESTA PÁGINA:
Cuando se acercan las celebraciones del 12 de diciembre, las aceras se vuelven improvisadas camas de piedra.

Un triciclo adornado con listones de papel, globos y flores para su visita a la Villa.

Indígenas tarahumaras en sus trajes típicos acompañan las imágenes sagradas y las llevan a bendecir.

Peregrinos que entran a la Basílica al amanecer,
cargan en su espalda las imágenes santas
engalanadas con escarchas de colores.

Los mensajes a la Virgen en esta cajita de
madera llevan peticiones, el arrepentimiento
sincero y solicitan el perdón de las ofensas.
Capilla de la Universidad Iberoamericana,
México, D.F.

Una anciana vestida con blusa de encaje y
el tradicional rebozo, le reza a la Virgen con
fervor, llena de confianza y cariño.

PÁGINA OPUESTA:
El rebozo envuelve el fervor guadalupano y
propicia la intimidad de la plegaria, la súplica
silenciosa, el llanto oculto.

PÁGINAS SIGUIENTES:
La Basílica de Guadalupe, obra del arquitecto
Pedro Ramírez Vázquez, tiene capacidad para
10,000 peregrinos. Los mexicanos acuden
a la Villa para sentirse mejor, agradecer favores,
alcanzar la paz interior y fortalecerse
espiritualmente.

Y era sábado,
todavía muy de mañana,
venía en seguimiento de las cosas divinas
y de lo que estaba mandado.
Y vino a acercarse al cerrito,
donde se llama Tepeyácac,
ya relucía el alba en la tierra.
Allí escuchó: cantaban sobre el cerrito,
era como el canto de variadas aves preciosas.
Al interrumpir sus voces,
como que el cerro les respondía.
Muy suaves, placenteros,
sus cantos aventajaban a los del pájaro
cascabel,
del tzinitzcan y otras aves preciosas
que cantan.

EN ESTA PÁGINA

En la Villa, niña vestida de indita para celebrar
la fiesta de Corpus Christi, una tradición mexicana.
Su pelo está trenzado con listones y cubierto
con un rebozo; los collares de papelillo y flores
realzan su traje.

Los floristas del Mercado de Jamaica, en la
ciudad de México, son famosos por sus arreglos:
una corona de crisantemos con fondo
de pino enmarca a la Morenita del Tepeyac.

Se detuvo Juan Diego,
se dijo:
¿Es acaso merecimiento mío
lo que escucho?
¿Tal vez estoy sólo soñando?
¿Acaso sólo me levanto del sueño?
¿Dónde estoy?
¿Dónde me veo?
¿Tal vez allá,
donde dejaron dicho los ancianos,
nuestros antepasados, nuestros abuelos,
en la Tierra florida, Xochitlalpan,
en la Tierra de nuestro sustento,
Tonacatlalpan,
tal vez allá en la Tierra celeste,
Ilhuicatlalpan?

Hacia allá estaba mirando,
hacia lo alto del cerrito,
hacia donde sale el sol,
hacia allá, de donde venía
el precioso canto celeste.
Cesó el canto,
dejó de escucharse.
Ya entonces oyó,
era llamado
de arriba del cerrito.
Le decían: Juanito, Juan Dieguito.

Emotiva misa con los toreros y sus cuadrillas
en el ruedo de la Monumental Plaza de Toros
México, para celebrar sus 50 años, en 1996.
La Virgen de Guadalupe y la Macarena
encabezan la procesión.

El capote de paseo del torero Enrique Ponce
lleva bordada la imagen de la Virgen de
Guadalupe y adorna el altar en la celebración
de una misa taurina.

Una joven peregrina se protege del sol con
un estandarte de satín bordado que flota al
viento del mediodía y lleva la imagen de la
Virgen rodeada de rosas.

Concheros del Templo de la Cruz, Querétaro,
bailan frente a la antigua Basílica; llevan
el estandarte de la Virgen muy en alto.

la visión popular

PÁGINA OPUESTA:
En San Martín Tilcajete, Oaxaca, el artesano
Vicente Hernández Vázquez creó, con la técnica de
los alebrijes de madera de ocote, esta Virgen tan
personal y colorida. (Colección de Óscar Reyes).

EN ESTA PÁGINA:
Virgen de Guadalupe de la Mixteca, Tequixtepec,
Oaxaca. Miniatura de hoja de palma de unos 7 cm.
de alto, creada por el artesano Flavio Gallardo.

Luego ya se atrevió,
así irá a allá,
donde era llamado.

Nada inquietó su corazón,
ni con esto se alteró,
sino que mucho se alegró,
se regocijó.
Fue a subir al cerrito,
allá va a ver donde lo llamaban.
Y cuando llegó
a la cumbre del cerrito,
contempló a una noble señora
que allí estaba de pie.

Ella lo llamó,
para que fuera a su lado.
Y cuando llegó a su presencia,
mucho le maravilló
cómo sobrepasaba
toda admirable perfección.
Su vestido,
como el sol resplandecía,
así brillaba.
Y las piedras y rocas
sobre las que estaba
flechaban su resplandor
como de jades preciosos,
cual joyeles relucían.
Como resplandores de arco iris
reverberaba la tierra.
Y los mezquites, los nopales
y las demás variadas yerbitas
que allí se dan,
se veían como plumajes de quetzal,
como turquesas aparecía su follaje,
y su tronco, sus espinas, sus espinitas,
relucían como el oro.

PÁGINA OPUESTA:
Según el ángulo de la luz, cambia la imagen
que aparece en este cuadro "de dimensión".
Representa a la Virgen con Juan Diego, así como
al Sagrado Corazón de Jesús.

EN ESTA PÁGINA:
Las imágenes guadalupanas son muy comunes
camino del Tepeyac.

En la Villa se venden objetos de culto para todos
los gustos y bolsillos.

Delante de ella se inclinó,
escuchó
su reverenciado aliento, su reverenciada
palabra,
en extremo afable,
muy noble,
como que lo atraía,
le mostraba amor.
Le dijo ella:
Escucha, hijo mío, el más pequeño,
Juanito, ¿a dónde vas?

EN ESTA PÁGINA:
Dos barbies acompañan un globo de vidrio que,
al conectarse, alumbra a la Morenita del Tepeyac.

Para pedir por una situación particularmente
difícil, se ofrece una veladora.

PÁGINA OPUESTA:
El conchero-jefe Ernesto, importante personaje
dentro de las tradiciones y la danza mexicanas,
toca la mandolina junto a su altar guadalupano
en México, D.F.

"Este hogar es católico." Virgen con las apariciones, en diamantina sobre papel.

De noble y sencillo material, representaciones de la Virgen en barro pintado, hechas en el Estado de México.

La Virgen con las cuatro apariciones a Juan Diego, en un marco de acrílico y madera.

Virgen hecha de tela bordada con lentejuelas, chaquira y diamantina.

Versión de la Guadalupana, objeto metálico decorativo.

Hasta en la herencia sentimental de los objetos de uso cotidiano está presente la Virgen, como en esta charola jalisciense.

Imagen con la bandera nacional, flores, lentejuela y diamantina.

Esta Guadalupana fue hecha con papel de china pintado al acrílico por el gran artesano y artista de México, D.F., Enrique Ávila.

Y él le respondió:
Señora mía, noble señora,
mi muchachita,
me acercaré allá, a tu reverenciada casa
en México Tlatelolco,

Son tan populares las camisetas con imágenes de Cristo, la Guadalupana, el Papa y San Judas Tadeo, como las que presentan a los Temerarios y al grupo norteño Límite.

Virgen de barro rodeada de alcatraces con un fondo azul y marco de hojalata, creación de Linda Palacios para "La Luna Descalza".

Versión de la Guadalupana con marco de hojalata y flores de estaño.

Dos sonrientes aguadores veracruzanos saben que su valiosa carga está amparada por la Virgen.

PÁGINA 48:
Los devotos de la Virgen usan modernos escapularios (en los que tambien figuran otras imágenes) para salvarse de las enfermedades, del purgatorio y de las llamas del infierno.

PÁGINA 49:
Este dibujo hecho por la niña Andrea Caballero parece confirmar que, en México, el fervor guadalupano, se trae en la sangre.

PÁGINA 50 ARRIBA:
Exvoto es una expresión latina que significa "por promesa". Los objetos que se han prometido a Dios, a la Virgen y a los santos para pedir o agradecer algún milagro, se cuelgan en las iglesias o en los santuarios y forman parte importante de una vieja tradición popular mexicana. En éste, sobre lámina de cobre se representa y explica un "milagro" en agradecimiento a la Virgen: la Guadalupana está presente en la lucha cotidiana, y también en la lucha libre.

PÁGINA 50 ABAJO:
Dos camiones de pasajeros chocan. El chofer de uno de ellos le pintó esta lámina a la Virgen: con seguridad alguien salió milagrosamente ileso. (Colección Museo de la Basílica de Guadalupe, México, D.F.).

PÁGINA 51:
Exvoto de una niña que le reza a la Virgen para pedirle un hermanito. (Colección Museo de la Basílica de Guadalupe, México, D.F.).

9 AÑOS CABALLERO
ANDREA

voy a seguir las cosas divinas,
las que nos entregan,
nos enseñan
los que son imagen del Señor,
el Señor Nuestro, nuestros sacerdotes.

PÁGINA 52 Y 53:
La víctima de un asalto agradece a San Antonio y a la
Virgen por haberle salvado la vida. (Colección Museo
de la Basílica de Guadalupe, México, D.F.).

PÁGINA OPUESTA:
Detalle de la fachada de una casa en el barrio de Tizapán,
San Ángel, México, D.F., con un mural inspirado en la
"Noche Estrellada" de Van Gogh. La Virgen está hecha con
la técnica del alicatado, que forma imágenes empleando
pedacería de azulejos. La dueña de la casa es peluquera,
admira al pintor holandés y le tiene devoción a
Guadalupe.

EN ESTA PÁGINA:
Sobresalen los altares callejeros de cantera y tezontle
del siglo XVII, los de azulejos decorados con nochebuenas
en Tepoztlán, Morelos, así como los nichos arreglados
con piedra volcánica y flores pintadas.

En seguida así le habla ella,
le muestra su preciosa voluntad,
le dice:
Sábelo,
que esté así tu corazón,
hijo mío, el más pequeño,
en verdad soy yo
la en todo siempre doncella,
Santa María,
su madrecita de él, Dios verdadero,
Dador de la vida, Ipalnemohuani,
Inventor de la gente, Teyocoyani,
Dueño del cerca y del junto, Tloque
Nahuaque,
Dueño de los cielos, Ilhuicahua,
Dueño de la superficie terrestre,
Tlalticpaque.

Espectacular altar de muertos, montado en su casa,
por la fotógrafa y artista Lourdes Almeida. Está decorado
con diversas representaciones de la muerte, papel picado
y objetos que le gustaban al difunto.

Altar de día de muertos en el estudio Urquiza con alcatraces,
flores de cempasúchil y papel picado que recuerda las
imágenes de Posada.

Un conmovedor altar colocado al pie de las Torres Gemelas
después de la tragedia del 11 de septiembre de 2001.

Mucho quiero yo,
mucho así lo deseo
que aquí me levanten
mi casita divina,
donde mostraré,
haré patente,
entregaré a las gentes
todo mi amor,
mi mirada compasiva,
mi ayuda, mi protección.
Porque, en verdad, yo soy
vuestra madrecita compasiva,
tuya y de todos los hombres
que vivís juntos en esta tierra
y también de todas la demás gentes,
las que me amen,
los que me llamen, me busquen,
confíen en mí.

EN ESTA PÁGINA:
Unas mujeres peregrinas llegan a la Villa con sus estandartes de tela pintada que representan a "La Patrona", genuino amor de las más diversas capas sociales de México.

Estandarte de satín cuidadosamente bordado para la peregrinación anual de Villa Victoria, Estado de México, al Cerro de Tepeyac.

EN ESTA PÁGINA:
Golondrinas, estrellas y rosas enmarcan a la Virgen
de Guadalupe.

Siempre llena de luz, expuesta frente a McDonald's,
junto a la bandera de México.

La bandera para la peregrinación anual de los ciclistas
de Loma del Lienzo y Cuadrilla Vieja, Estado de México,
está bordada con primor.

PÁGINAS SIGUIENTES:
En el atrio de la capilla del barrio de Guadalupe,
Malinalco, Estado de México, un portal
de semillas para la fiesta del 12 de diciembre.

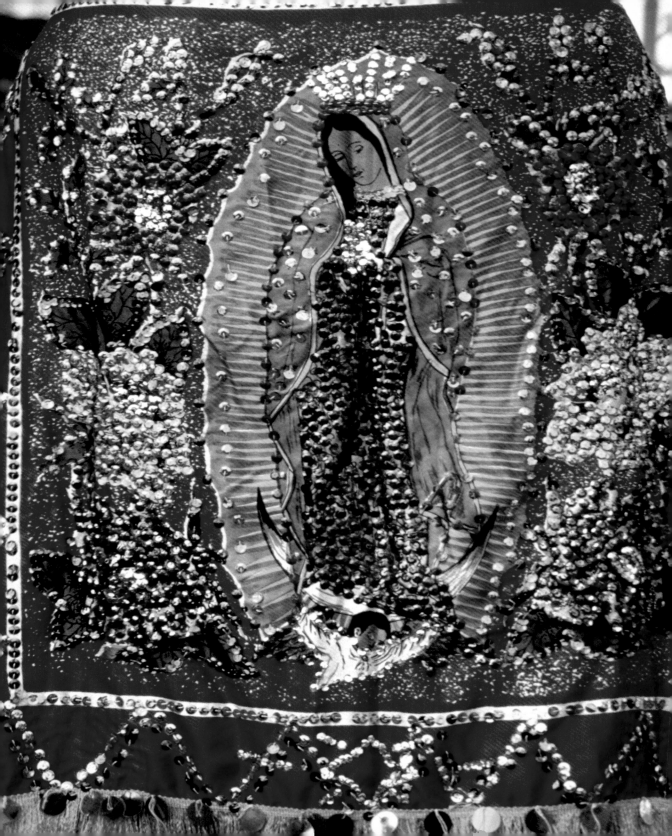

Allí en verdad oiré
su llanto, su pesar,
así yo enderezaré,
remediaré todas sus varias necesidades,
sus miserias, sus pesares.
Y para que sea realidad lo que pienso,
lo que es mi mirada compasiva,
ve allá al palacio
del obispo de México.

EN ESTAS PÁGINAS:
Estas imágenes populares están hechas de tela bordada con
lentejuelas y chaquira que se complementan con diamantina.
Reelaboraciones de una imagen fundamental que recuerdan
los tratamientos gráficos de Andy Warhol.

PÁGINAS SIGUIENTES:
Puesto en la explanada de la Villa, el 12 de diciembre. Todos
se llevan su recuerdo.

la virgen de guadalupe en el arte contemporáneo

PÁGINA OPUESTA:
"Papaya, naranja y lluvia II", una representación de la Virgen
realizada por la pintora regiomontana Silvia Ordoñez,
en 1993. Óleo/tela, 140 x 160 cm.

EN ESTA PÁGINA:
"El milagro del Tepeyac V", obra de Ricardo Serrano Cornejo,
México, D.F., 2001. Gráfica digital sobre papel 9 x 15 cm.
(Cortesía de la IX Bienal Guadalupana, Universidad
Autónoma Metropolitana.) Para su composición el artista
usó la etiqueta de un jabón muy popular.

Y cuando así la vio,
Ante ella se inclinó,
se humilló hasta el suelo,
le dijo:
Mi señora, señora, noble señora,
hija mía la más pequeña, mi muchachita,
ya fui allá,
a donde me enviaste como mensajero,
en verdad fui a que se cumpliera
tu reverenciado aliento, tu reverenciada
palabra.
Aun cuando con mucha dificultad, entré,
allá donde es su lugar de estar,
del que manda a los sacerdotes,
en verdad lo vi,
en verdad ante él expuse
tu reverenciado aliento, tu reverenciada
palabra,
como tú me lo mandaste.

PÁGINA OPUESTA:
Virgen de cera y tela, Jeffrey Vallance. Museo de Cera de Tijuana. (Cortesía de la Installation Gallery. Insite 2000, E.U.).

EN ESTA PÁGINA:
"Juan Diego y la Virgen, Carmen Parra, D.F., 2002. Pastel y lápiz sobre papel, 70 x 100 cm. Parra es famosa por su obra de inspiración religiosa.

PÁGINA 74:
"Retablo de Nuestra Señora de Guadalupe Tonantzin", Jaime Saldívar, México, D.F., 1971. Óleo sobre tela, 2.09 x 1.33 m. (Cortesía del Club de Industriales).

PÁGINA 75:
Nuestra Señora del Auditorio. Tras bambalinas, como en muchos teatros de México, vigila la imagen protectora de la Guadalupana ante la cual bailarines, cantantes y actores se persignan y encomiendan. Este altar de 2.5 m de alto es del reconocido artesano y artista Rafael Álvarez.

Retablo de Ntra. Señora Guadalupe Tonantzin

PÁGINA OPUESTA:

"Siete apariciones", de Magali Ávila, México, D.F.,
2002. Óleo encausto sobre madera, 1 x 1 m.
Los tonos de la pintura son en morado, que se
considera el color más espiritual que existe.

EN ESTA PÁGINA:

"Desapariciones en el Valle y algunos ángeles roba-
dos II", Betsabeé Romero, México, D.F., 1995. Óleo
sobre tela, madera, rosas secas y vidrio, 170 x 223 cm.
Romero nos pone en guardia: cuidemos el Valle de
México, que no desaparezca entre tanta contami-
nación, o la Virgen tambien se puede ir...

PÁGINAS SIGUIENTES:

"Guadalupe en las nubes", 2002. Volando sobre
tierras mexicanas. El ojo entrenado de Eric Giebeler
capturó la "aparición" para este fotomontaje.

PÁGINA 76:

"Guadalupe, olhos da alma", Harrison De Carli Testa,
Brasil, 2001. Tinta acrílica con gis y pastel sobre papel,
28 x 19 cm. (Cortesía de la IX Bienal Guadalupana,
Universidad Autonoma Metropolitana).

PÁGINA 77:

"Coche tatuado III", Betsabeé Romero, México, D.F.,
1999. Tatuaje sobre piel de cabra, sobre coche de
pedales, 35 x 40 80 cm. La Virgen es el centro
de una colección de iconos mexicanos, enmarcada
por la serpiente azteca y con la "catrina"
de Posada a los pies.

la canonización de juan diego y la visita del papa

PÁGINA OPUESTA:
Hasta en las computadoras la imagen religiosa se hace presente

PÁGINA 84 Y 85:
Lado a lado, dos grandes aficiones mexicanas: el futbol, representado por el águila del América pisoteando a las Chivas de Guadalajara, y el Papa Juan Pablo II con el recién canonizado Juan Diego, primer santo indígena.

PÁGINA 86 Y 87:
"Juan Pablo segundo, te quiere todo el mundo", corea la gente a la llegada del Papa a la Basílica.

PÁGINA 88:
No hay futbolista, actor de cine o político que congregue a tanta gente. Dicen que más de ocho millones de personas saludaron al Papa Juan Pablo II en su camino de la Nunciatura a la Basílica de Guadalupe y de regreso. Más de ochenta por ciento de los televisores del país estuvieron encendidos para verlo. Esta imagen, realzada con diamantina, reúne las tres figuras para celebrar la canonización de Juan Diego, el 31 de julio de 2002.

PÁGINA 89:
Sones jarochos durante la beatificación de los mártires oaxaqueños, Juan Bautista y Jacinto de los Ángeles, el 1 de agosto de 2002.

Así le respondió la perfecta,
Admirable doncella:
Escucha, tú el más pequeño de mi hijos,
que así lo comprenda tu corazón,
no son gente de rango mis servidores,
mis mensajeros,
a quienes yo podré encargar
que lleven mi aliento, mi palabra,
los que podrán hacer se cumpla mi voluntad.

Muchachita mía, hija mía la más pequeña,
noble señora, que estés contenta,
¿cómo te amaneció?
¿Sientes bien tu precioso cuerpecito,
señora mía, reverenciada hija mía?

Que no se perturbe
tu rostro, tu corazón,
no temas esta enfermedad
ni otra cualquier enfermedad,
que aflige, que agobia.
¿Acaso no estoy aquí,
yo que soy tu madrecita?
¿Acaso no estás bajo mi sombra,
y en resguardo?
¿Acaso no soy la razón de tu alegría?
¿No estás en mi regazo,
en donde yo te protejo?
¿Acaso todavía te hace falta algo?

CANONIZACION
2002

PÁGINA OPUESTA:

En el Estadio Morelos, la fuerza de la pasión se hace
presente entre los jugadores fieles a la Virgen
que posan ante la bandera tricolor para la foto
del recuerdo.

EN ESTA PÁGINA:

"Bofo" Bautista (derecha) e Ismael Íñiguez González
(izquierda), delanteros del equipo Monarcas del
Atlético Morelia, dominan el balón durante el
calentamiento previo al partido contra la escuadra
guatemalteca. Como dos Juan Diegos, llevan sobre
su pecho la imagen guadalupana.

PÁGINA OPUESTA:
Conmovedora imagen de un minero que baja a diario
al socavón con Guadalupe en su cuerpo, como en
su alma.

EN ESTA PÁGINA:
Unos devotos pescadores de pulpos presumen
su pesca en las costas de Guerrero.

PÁGINA 94:
De una u otra forma todas las rosas son para
la Virgen, serena en este fresco altar.

Un lanchero en Cancún nos muestra su icono
con orgullo.

92

Dedico este libro a Yvonne, quien me acercó a la Virgen.
Y a mis amigas del alma: Béatrice R., Carole y Carole, Cristina,
Dorothea, María y Meye, quienes enriquecen mi vida inmensamente.

agradecimientos

Siendo guadalupana (ya lo habrán adivinado), quiero dar las gracias a la Virgen de Guadalupe, que se me "aparece" en todos lados, por tanta abundancia.

Todo libro es trabajo de equipo, y éste fue posible gracias al gran talento de más de veinte fotógrafos mexicanos: Guillermo Aldana, Lourdes Almeida, Miriam Arriaga, Jorge Ávila, Pablo Esteva, Roberto Gavaldón, Eric Giebeler, Dennis Gottlieb, Daniel Hernández, Piti Hoagland, René López, Eniac Martínez, Irene Pintor, Xavier Pizarro, Ilán Rabchinskey, Fernanda Roel, Bob Schalkwijk, Leopoldo Soto Martínez, Ignacio Urquiza, Ignacio Urquiza Jr., Sebastián Urquiza y Jasmín Wald.

Gracias a los artistas y galerías que nos prestaron sus obras: Magali Ávila, Serrano Cornejo, Silvia Ordóñez, Betsabeé Romero, Carmen Parra, María Sada, Jeffrey Vallance, Galería OMR, Bienal Guadalupana (Universidad Autónoma Metropolitana), Jorge Ismael Rodríguez, Club de Industriales y Auditorio Nacional. A través de Isabel Revuelta Poo, Luis Carlos Romo y el licenciado Eduardo León, pudimos fotografiar el altar del artesano Rafael Álvarez.

Gracias a la valiosa traducción del "Nican mopohua" del doctor Miguel León-Portilla y al Fondo de Cultura Económica, por permitirnos reproducirla.

El diseñador Julio Vega inspiró esta edición. Daniel Hernández y Óscar Reyes la realizaron. Rindo homenaje a los amigos que supieron darle ritmo a tantas "apariciones".

A Miriam Arriaga, fiel amiga y asesora editorial, mi más profundo agradecimiento. Ella vivió paso a paso todo el desarrollo de este libro.

Al entusiasmo de Roberto Gavaldón, Amanda Echeverría y Arlette de Alba.

A Rogelio Villarreal, gerente general de Editorial Oceano y a su equipo, en particular a Rafael Muñoz Saldaña y Silvia Pineda.

A la Embajada de Francia, en particular al embajador Philippe Faure y a Christine Faure, así como a Gérard Fontaine, agregado cultural, por su apoyo a esta investigación.

Al banco J.P. Morgan: Jorge Alonso, Eduardo Cepeda, Douglas Coughran, José Juan de Olloqui, Juan Manuel García, Leticia García, Daniela Laporte, Rosa María Linares, Carolina Machado, John Murray, Brian O'Neill, Roberto Rodríguez y Luz Vivar.

Al Grupo Maseca, en particular al ingeniero José de la Peña, Jaime Varela, la licenciada Silvia Hernández y Pilar de los Santos.

En casa, como siempre, agradezco el apoyo de Rubén Barreto, Aurora García y Elvia Campechano.

La exposición fotográfica en las rejas de Chapultepec se hizo gracias al entusiasmo y al apoyo del jefe de Gobierno de la Ciudad de México, Andrés Manuel López Obrador, al Dr. Enrique Semo y al Lic. Alejandro González Durán.

La curadora Patricia Mendoza, junto con Mario Peinetty, de Custom Color, hizo una labor extraordinaria para la elaboración de las reproducciones.

Mi más profundo agradecimiento al apoyo incondicional de Carlos García Ponce.

Gracias a los amigos que dieron importantes sugerencias, a Sonia Mancera, Pedro y Carla Alvarado, Manolo Arango, Marcela Arreguí, Manuel Serrano, María Luisa Sánchez Guzmán. A mi abogado y amigo José Luis Caballero, que creyó en este libro y lo apoyó desde su inicio, y a su hija Andrea, que nos regaló un dibujo. Para Cristina Faesler y Guadalupe Loaeza mi más profundo agradecimiento.

créditos fotográficos

Guillermo Aldana: 2, 4, 20, 25, 26, 44 (arriba derecha), 46, 47 (abajo), 62 (derecha), 63 (arriba izquierda), 66, 92

Lourdes Almeida: Contraportada, 12, 43, 44 (abajo derecha), 60, 94

Miriam Arriaga: 8, 21

Jorge Ávila: 50 (abajo), 51, 52, 55 (abajo izquierda), 67 (arriba derecha y abajo), 93

Marie-Pierre Colle: 55 (arriba derecha)

Roberto Gavaldón: 28 (abajo), 41 (arriba), 42 (arriba), 63 (arriba derecha)

Eric Giebeler: Solapa, 70, 79, 80

Dennis Gottlieb: Portada

Daniel Hernández: 14, 16, 23 (derecha), 30 (abajo), 31 (abajo), 32, 33, 36, 38,40,41 (en medio), 42 (abajo), 44 (arriba izquierda), 45 (abajo derecha e izquierda), 47 (derecha), 48, 50 (arriba), 55 (arriba izquierda), 56, 58, 67 (arriba izquierda), 68, 84, 88, 90, 91

Piti Hoagland: 61 (derecha)

René López/Estudio Urquiza: 47 (arriba izquierda), 57, 75

Eniac Martínez: 11, 30 (arriba)

Irene Pintor: 6

Xavier Pizarro: 54

Ilán Rabchinskey: 24 (abajo izquierda), 41 (abajo), 45 (arriba izquierda), 61 (izquierda)

Bob Schalkwijk: 18, 23 (abajo), 64

Leopoldo Soto Martínez: 23 (izquierda), 24 (abajo derecha), 44 (abajo izquierda)

Ignacio Urquiza: 1, 22 (arriba y abajo), 23 (arriba izquierda) 24 (abajo derecha), 28 (arriba), 29, 34, 35, 62 (izquierda), 63 (abajo) 82, 86, 89

Ignacio Urquiza Jr.: 24 (arriba izquierda y derecha), 30 (arriba), 31 (arriba), 39, 45 (arriba derecha)

PÁGINA 1:
En San Juan Atezcapa, Valle de Bravo, Edo. de México, unos guajolotes se pasean frente al altar de la Guadalupana.

PÁGINA 2:
En el carnaval de Huejotzingo, Puebla, un personaje con máscara de cartón típica de Zacapoaxtla y atuendo adornado con moños de celoseda, espera su turno para danzar ante la Virgen Morena.

PÁGINA 4 y 5:
La Virgen está presente en todas partes. Aquí está representada en la fachada de una iglesia en Tabasco.

PÁGINA 6 y 7:
Éste no es un fotomontaje. El colibrí, símbolo de un espíritu puro para los mexicas, recuerda el mito cosmogónico del Nacimiento de Huitzilopochtli y se acerca a las almas de los guerreros, así como a la Virgen de Guadalupe, suspendida contra el cielo azul de la región más transparente, México, D.F.